W0211224

Antoon Krings

Contes de printemps des Drôles de Petites Bêtes

GALLIMARD JEUNESSE GIBOULÉES

DRÔLES DE PETITES BÊTES

Gallimard Jeunesse/Giboulées sous la direction de Colline Faure-Poirée

© Gallimard Jeunesse, 2010
ISBN : 978-2-07-063174-2 • Dépôt légal : avril 2010 • Numéro d'édition : 173669 • Loi n° 49956 du 16 juillet 1949
sur les publications destinées à la jeunesse
Imprimé en France par Jean-Lamour

Premier conte

Lorette la Pâquerette

Deuxième conte

Antonin le Poussin

Troisième conte

Adrien le Lapin

Lorette la Pâquerette

Il arrive, dit-on au jardin, que les petites filles, qui naissent d'habitude dans les roses, voient parfois le jour dans d'autres fleurs. Et comme cela est inattendu, personne ne vient les y chercher. C'est ainsi que Lorette naquit un jour chez une modeste pâquerette.

De cet heureux événement, la petite fleur fut enchantée. Elle lui donna un peu de pollen, quelques gouttes de rosée et la vêtit de pétales blancs. Puis, ayant à cœur de l'élever, elle lui apprit l'élégance des belles du jardin et leur langage fleuri, si bien que Lorette devint la plus gracieuse des pâquerettes.

Alors, les majestueuses fleurs du parterre lui firent une petite place parmi elles. « C'est là désormais que tu resteras, dirent-elles, entre les roses odorantes et les éclatantes tulipes. »

Lorette accepta avec joie, mais elle s'aperçut vite que de rester immobile des journées entières sur un pied était une chose très ennuyeuse. Aussi, dès que les fleurs tournaient leurs têtes vers le soleil, elle s'amusait à danser et à sautiller comme une petite ombre agitée.

Les belles commençaient également à s'agiter, mais c'était pour se plaindre :
– Il faudrait la remettre à sa place, dirent les tulipes à la mine pointue. Et si elle ne sait pas s'y tenir, qu'elle retourne dans son pré.
– Le problème est épineux, fit observer la rose avec majesté. Vous savez bien que la mauvaise herbe finit toujours par revenir si on ne la traite pas énergiquement.

– Le problème **est** qu'elle n'est pas plantée comme nous toutes, voilà le vrai problème ! s'écria la pivoine en penchant sa tête frémissante vers Lorette. Je suggère donc que nous la plantions sur-le-champ.

– Oui, mais une fois en terre, objecta la pensée, il se pourrait bien qu'elle pousse de façon inconsidérée et me fasse de l'ombre.

– Eh bien, dans ce cas, mettons-la en pot et cessons de l'arroser.

À les entendre, il y avait de quoi avoir peur.
Seulement Lorette savait que, par bonheur,
les fleurs ne pouvaient l'attraper. Elle continua
donc à sautiller autour d'elles en chantant :
« Tu m'auras pas ! Tu m'auras pas ! »

Le parterre était en émoi. Cela troublait même les abeilles. Elles devenaient nerveuses et bourdonnaient bruyamment : « Depuis quand les fleurs se mettent-elles à courir partout ? maugréa Mireille. Ne peut-on pas travailler tranquillement ? »

Mais Lorette ne se souciait pas plus des unes que des autres. De toute façon, elle n'appréciait pas les abeilles voleuses de pollen. Elle préférait jouer avec les papillons, ces joyeux lutins qui dansaient aux quatre coins du jardin et l'entraînaient chaque jour un peu plus loin. « Un peu, beaucoup, passionnément… répétait la marguerite d'un air entendu. Que passe un amoureux et c'en sera fini d'elle. »

La marguerite avait raison. Pour l'amoureux seulement. Plus loin l'attendait en effet un curieux petit bonhomme. Il était assis sur une feuille de chou et semblait s'ennuyer beaucoup.

Dès qu'il vit la pâquerette, son visage s'éclaira. Il agita des ailes de papillon et s'envola en virevoltant autour d'elle. Puis il embrassa chacun de ses pétales :
– Je t'aime, beaucoup, passionnément, à la folie…
Mais Lorette, soudain toute timide, se sauva en criant :
– Tu m'auras pas ! Tu m'auras pas !

Pourtant, ils se marièrent, je puis vous l'assurer, car je fus invité. Les fleurs majestueuses du parterre vinrent également. Oh, ce qu'elles étaient droites, et comme elles faisaient les fières en demoiselles d'honneur !

Antonin le Poussin

Blanche était une vraie mère poule, toujours inquiète pour ses petits. La pauvre craignait tellement d'en perdre qu'elle les comptait, les recomptait et les appelait sans cesse en caquetant : « Restez près de moi, mes chéris, ne vous éloignez pas et surtout prenez garde au chat. »

Or, ce matin-là, le chat rôdait près du poulailler, et un poussin avait disparu… Affolée, Blanche se mit à battre des ailes avec grand fracas. Le bec ouvert, l'œil rond, elle gloussait à s'étrangler : « Le chat a pris mon petit ! Le chat a pris mon petit ! »

En un instant, il y eut un vacarme incroyable. Les animaux de la basse-cour couraient dans tous les sens, reprenant avec effroi : « Le chat a mangé son petit ! Le chat a mangé son petit ! » Et, l'apercevant soudain tapi derrière la remise, ils se précipitèrent sur le triste sire qui, crachant comme un diable, le poil tout hérissé, sauta par-dessus la haie.

Loin de ce spectacle qu'il avait bien innocemment provoqué, un petit poussin, petit poucet, s'aventurait dans le jardin en jetant quelques graines sur son chemin.
La nature était pleine de bruits légers qui semblaient lui murmurer : « Par ici Antonin, par ici mon poussin », et de petits oiseaux qui le suivaient en disant : « Merci, mon poussin, merci, Antonin. »

« Pas de quoi », répondait-il d'un ton insouciant. Et puis, après un instant de réflexion, il ajouta en se retournant :

– Mais de quoi ?

– Mais de tout ! s'exclama Bruno le moineau. C'est pas un bonheur de casser la graine entre amis ?

– Oh, mes graines ! gémit Antonin. Comment je vais faire maintenant pour retourner chez moi ?

– T'en fais pas, dit alors Bruno. On la retrouvera, ta maison… Allez, n'y pense plus et continue à semer.

Le piaf lui parlait d'une voix si affectueuse qu'Antonin se sentit rassuré et se remit de nouveau à trottiner. Ils avancèrent ainsi, le premier semant, les seconds picorant ; et quand il n'y eut plus de graines, Bruno et ses amis s'envolèrent sans dire au revoir.

« Attendez-moi ! Attendez-moi ! cria Antonin, qui aurait tant voulu les suivre. Bah, je trouverai bien d'autres amis », dit-il en voyant ramper un ver de terre. Mais Albert n'avait aucune envie d'être son ami. Dans sa famille, on avait toujours eu horreur des gallinacés. C'est pourquoi il se sauva ventre à terre avant même que le poussin ne puisse lui adresser la parole.

Antonin continua donc à se promener dans le jardin en fredonnant fièrement : « Tra-la-la, tra-la-lère ! » Seulement, comme il ne rencontrait personne sur son chemin, au bout d'un certain temps, il se crut perdu et fondit en larmes.
– Pourquoi pleures-tu ? demanda Mireille, quelque peu intriguée par cette grosse abeille qui ne portait pas de rayures.

– Je veux rentrer à la maison, sanglota Antonin en la regardant de ses petits yeux brillants.
– Ne pleure pas, lui dit l'abeille gentiment. Tu n'es pas perdu, j'habite juste là.
Elle le prit par la main et le fit entrer dans sa maisonnette pendant que les moineaux, de retour au jardin, chantaient d'un ton railleur :

Mon petit poussin
A bien du chagrin,
Il ne chante plus,
Il ne saute plus
Dans mon jardin.

Mireille, qui ne savait que faire pour le consoler,
lui enfila un pull rayé :
– Comme ça, lui dit-elle, tu auras l'air
d'une vraie petite abeille.

Mais, tout étriqué dans son tricot,
le petit poussin resta dans son coin sans bouger.
Ce qui attrista Mireille, qui comprit enfin
qu'Antonin pensait à sa maman, et qu'il avait
terriblement envie de la revoir.

Elle décida donc de le raccompagner chez lui, au poulailler. Et ce retour fut pour Antonin une merveilleuse promenade à travers le jardin, pleine de chants joyeux et de têtes en l'air. Et tra-la-la et tra-la-lère…

Adrien le Lapin

Ce jour-là, le soleil agita si vivement ses rayons que le jardin frémit de joie et en un instant ce fut le printemps. Un printemps gazouillant, bourdonnant où les fleurs se pressaient l'une contre l'autre en se poussant jalousement. Elles s'appelaient violette, bouton d'or, pâquerette, primevère, et Mireille, qui n'était pas une fleur mais une abeille fort laborieuse, entreprit de les compter toutes dès son réveil.

Elle était tellement absorbée par ses comptes qu'elle ne trouva rien de remarquable à l'idée de croiser dans les parterres fleuris un lapin. Or, ce lapin avait un nœud si ravissant autour du cou et portait un panier si délicatement ouvragé qu'au bout d'un moment notre abeille s'embrouilla dans ses calculs.
– Zut ! Où en étais-je avant de voir ce maudit lapin ? maugréa-t-elle, la tête encore pleine de chiffres. Cent, maud… dix… Mais il n'y a jamais eu de lapin dans le jardin !

– Chut… Ne faites pas tant de bruit, murmura alors une petite voix tremblotante. Il ne faut pas que les monstres nous voient. Vous comprenez, je ne suis pas un lapin ordinaire, je suis un lapin de Pâques en chocolat et hélas, les monstres adorent le chocolat.

Après un profond soupir, le pauvre animal poursuivit :

– D'abord ils nous attrapent en poussant des cris de joie, puis ils nous secouent dans tous les sens pour savoir ce que nous avons dans le ventre, et même s'ils nous couvrent de mille baisers, ils finissent toujours par nous croquer.
C'est pourquoi je dois me cacher.

– Eh bien, lapin, dit l'abeille d'un ton désinvolte, si tu parles de ce genre de monstres à deux pattes qui piétinent les plates-bandes en jouant au ballon, et qui arrachent les fleurs pour les offrir à leur maman, rassure-toi, il n'y en a guère par ici, parce que moi, Mireille, je leur pique le derrière. Tout au plus verras-tu un lutin, mais il n'est pas très malin, ajouta-t-elle en s'éloignant pour reprendre ses calculs.

Benjamin le lutin était justement en train d'admirer les fleurs quand il remarqua le lapin à son tour.

– Oh ! Voilà une curieuse fleur ! s'exclama-t-il en flairant la bonne odeur pralinée du rongeur en chocolat. Je me demande à quelle espèce elle appartient avec ses grandes oreilles…

– Je ne suis pas une fleur, je suis un lapin de Pâques qui se cache, répondit alors ce dernier, parfaitement immobile.

– Ça tombe bien, j'adore aussi jouer à cache-cache ! s'écria le lutin ravi. Seulement, vois-tu, ici, ce n'est pas une très bonne cachette. J'en connais de meilleures que personne ne connaît, à part moi, bien sûr. Mais en revanche, si tu me fais goûter les petits œufs qui sont dans ton panier, je tâcherai de ne plus m'en souvenir, dit-il en tendant la main avec insistance.

Le lapin ne put faire autrement. Il déposa un œuf dans la main du lutin qui s'empressa de l'avaler.
– Je m'appelle Bon-Bonjamin, s'efforça de dire Benjamin, la bouche à moitié pleine.
– Moi, c'est Adrien, dit le lapin.

Ayant ainsi fait connaissance, ils s'en allèrent donc visiter les cachettes du petit homme. Chemin faisant, ils bavardaient entre eux de ceci, de cela, mais plus ils avançaient, plus le panier se vidait de ses œufs, et quand il fut entièrement vide, notre lutin commença à regarder son nouvel ami d'un air plutôt gourmand. Et puis, n'y tenant plus, il se rua brusquement sur lui.

– Aïe ! s'écria Adrien en sursautant. Tu as failli me mordre. Tu ne voulais tout de même pas me manger ?
– Oh, non ! fit Benjamin. Je n'ai jamais songé à une chose pareille. Je voulais seulement savoir si les lapins de Pâques avaient le même goût que les poules en chocolat, parce que je me rappelle en avoir dévoré une un jour, et tu ne peux pas imaginer comme c'était bon.
– Je t'en supplie, implora Adrien, épouvanté, ne parlons pas de ces choses-là. Ça me donne la chair de poule.

– Bon, d'accord, nous n'en parlerons plus, dit le lutin en s'éloignant tristement.
Après quoi, il y eut quelques minutes de silence pendant lesquelles le petit homme chercha un sujet de conversation moins effrayant.
Et lorsque, enfin, il en trouva un, il s'aperçut que son ami avait disparu. Il eut beau l'appeler, courir aux quatre coins du jardin, interroger ses voisins, jamais il ne le revit.

Il se demanda même s'il n'avait pas rêvé toute cette histoire… Mais alors comment expliquer qu'il ramassa par-ci par-là de petites crottes en chocolat… et qu'un matin de Pâques il découvrit devant sa porte un gros œuf en papier mâché joliment décoré de lapins enrubannés qui ressemblaient comme des frères à Adrien ?